Le Souvenir Français

SOCIÉTÉ NATIONALE

POUR

L'ÉDIFICATION ET L'ENTRETIEN DES TOMBES DES MILITAIRES
ET MARINS MORTS POUR LA FRANCE

Fondée à Paris en 1887

par XAVIER NIESSEN, né à Sarre-Union (Lorraine)

SIÈGE SOCIAL : 229, Faubourg Saint-Honoré - PARIS

Sous le haut Patronage de M. ALEXANDRE MILLERAND, Président de la République

JAHRESBERICHT 1921 und 1922

DER

ORTSGRUPPE WESSERLING

Gegründet 1919

J. BRINKMANN, MULHOUSE

Ceux qui pieusement sont morts pour la Patrie
Ont droit qu'à leur cercueil la foule vienne et prie.
Entre les plus beaux noms, leur nom est le plus beau,
Toute gloire près d'eux passe et tombe éphémère.
Et comme ferait une mère,
La voix d'un peuple entier les berce en leur tombeau.
VICTOR HUGO.

Le Souvenir Français

SOCIÉTÉ NATIONALE

POUR

L'ÉDIFICATION ET L'ENTRETIEN DES TOMBES DES MILITAIRES ET MARINS MORTS POUR LA FRANCE

Fondée à Paris en 1887

par XAVIER NIESSEN, né à Sarre-Union (Lorraine)

SIÈGE SOCIAL : 229, Faubourg Saint-Honoré - PARIS

Sous le haut Patronage de M. ALEXANDRE MILLERAND, Président de la République

RAPPORT SUR LES ANNÉES 1921 ET 1922

DE LA

SECTION RÉGIONAL DE WESSERLING (Haut-Rhin)

Fondée en 1919

J. BRINKMANN, MULHOUSE

SOUVENIR FRANÇAIS

Compte - Rendu 1921/22

A l'occasion de la troisième réunion générale de notre Section du S. F., nous avons l'honneur de vous présenter ce jour, un résumé de tous les travaux effectués depuis notre dernière réunion générale, c'est-à-dire, depuis le 6 Mars 1921.

Lors de cette dernière, nous comptions environ 700 membres, nous sommes très heureux de vous apprendre que nous sommes aujourd'hui 800, preuve que la marche générale de l'œuvre est en voie excellente et que la population de notre vallée est de plus en plus pénétrée des bienfaits et de l'utilité du «SOUVENIR FRANÇAIS» qui maintient au milieu de nous tous, une pieuse et reconnaissante fidélité au plus touchant et au plus glorieux de nos souvenirs.

Nous commençons notre compte-rendu par les exhumations au cimetière d'HUSSEREN-WESSERLING en Mai 1921. Avec beaucoup de regret nous voyons partir la glorieuse dépouille du Lieutenant d'HEBRARD de SAINT-SULPICE et quelques jours après celle du Lieutenant de LESTRANGES, deux héros de l'HILSENFRIST.

Ces deux exhumations ont eu lieu sous le contrôle du S. F. et en présence des parents de ces victimes, que nous avons assistés dans ces tristes et pénibles circonstances.

Après la levée des corps qui ont été enveloppés du trapeau tricolore un suprême adieu leur a été adressé par le Président du S. F, en présence d'une délégation de notre Comité et des Sapeurs-Pompiers d'HUSSEREN-WESSERLING.

Le 22 Mai 1921 a été célébré en l'Eglise d'ODEREN un service solennel à la mémoire des Enfants de la Commune tombés au Champ d'Honneur. Monsieur le Curé SCHACHERER dans son sermon expose à ses fidèles que le S. F. est une œuvre de prières, de consolation et de reconnaissance nationale.

Le 29 Mai 1921 a eu lieu l'inauguration du monument érigé au Cimetière de DORNACH par le S. F. de MULHOUSE.

Une délégation s'est rendue à cette cérémonie patriotique après avoir assisté aux Services Religieux des trois Cultes. Une couronne a été déposée par nous au pied du monument.

Il a été décidé dans la séance du Comité le 2 Juin 1921 que nous nous mettrons dorénavant à la disposition des communes pour l'érection des monuments commémoratifs.

Une circulaire a été adressée à cet effet à Messieurs les Maires du Canton.

Le 15 Juin 1921 a eu lieu l'exhumation du Lieutenant THEVENIN du 13ème Bataillon de Chasseurs, tombé héroïquement à l'assaut de l'Hilsenfirst et reposant au cimetière d'HUSSEREN-WESSERLING.

Monsieur Jacques GROS, Maire de la Commune, a adressé à ce héros en présence de la famille, des paroles d'adieu très touchantes.

Le 26 Juin 1921, une cérémonie religieuse a été organisée à URBES, avec participation des Dames Infirmières, de la Municipalité, de la Chorale, du Corps des Pompiers, de la Société de Gymnastique, ainsi que des enfants des Ecoles.

Au cimetière, après les prières faites par Monsieur le Curé WEBER, un discours patriotique a été prononcé par Monsieur Maurice COTTIN, discours que notre Vice-Président, Monsieur Edouard GROS a traduit en dialecte alsacien.

Le 8 Juillet 1921, nous avons le regret de voir partir la dépouille de l'intrépide Capitaine VIALLET, tombé glorieusement à l'assaut de l'HILSENFIRST et enterré au cimetière d'HUSSEREN-WESSERLING.

Au nom du S. F. un suprême et dernier adieu a été adressé à ce héros par le Délégué régional, Monsieur Lucien NEHR, en présence de la famille.

Le 3 Juillet 1921, une délégation de notre Comité s'est rendue sur invitation à l'HARTMANNSWILLERKOPF à l'occasion de l'inauguration du monument du 152° d'Infanterie.

Une magnifique couronne a été déposée au pied du monument.

Dans le courant du mois d'Août 1921, nous sommes sollicités par Madame CAHORS de LYON pour la recherche du corps de son fils disparu au VIEIL-ARMAND.

Grâce à notre Vice-Président, Monsieur TOUSSAINT, la tombe du héros a été retrouvée dans la banlieue de WUENHEIM et identifiée. Nombreuses également sont nos familles d'Alsace que nous avons pu renseigner, dans la mesure du possible, sur la sépulture de leur enfant. Nous sommes toujours, comme par le passé, à la disposition des ces familles éprouvées.

Le Comité décide dans sa séance du 16 Août 1921 qu'une subvention annuelle sera accordée à la Fédération des Mutilés, Réformés et Veuves de Guerre du Haut-Rhin, ainsi qu'à l'Union des Pères et Mères dont les Fils sont morts pour la patrie.

Le 21 Août 1921, nous organisons en collaboration avec l'Association des Dames Françaises, une cérémonie religieuse en l'Eglise de St.-AMARIN à la mémoire des héros qui reposent dans le cimetière communal ainsi qu'à celle des enfants de St.-AMARIN et de MALMERSPACH tombés au Champ d'Honneur.

Après le service célébré par Monsieur le Chanoine HUNTZIGER, le cortège s'est dirigé vers le cimetière où Monsieur le Capitaine TOUSSAINT, notre dévoué Vice-Président, dans un splendide discours patriotique et sentimental, au plus haut point rappela la sanglante attaque de notre 21ème Corps d'Armée à Notre-Dame de Lorette le 17 Juin 1915 où le lendemain de cette bataille, notre Vice-Président releva ces fameux vers de LAMARTINE, tracés par la main d'un de ces héros au seuil du tombeau. C'était l'adieu à la vie d'un combattant inconnu:

> Le livre de la vie est le livre suprême
> Qu'on ne peut ni fermer, ni rouvrir à son choix
> Le passage adoré ne s'y lit pas deux fois
> Mais le feuillet fatal se tourne de lui-même
> On voudrait s'arrêter à la page où l'on aime . . .
> Et la page où l'on meurt est déjà sous nos doigts. . . .

Dans le courant du mois de Septembre 1921, une caravane de l'Association des «Diables Bleus» est venue, comme l'année précédente, rendre un pieux hommage à leurs camarades tombés au Champ d'Honneur pour la délivrance de notre chère Alsace. Cette caravane a été pilotée par Monsieur P. DIEBOLT, membre du Comité.

Dans sa séance du 8 Novembre 1921, le Comité décide de restaurer le monument de Sidi-Brahim au Hilsenfirst, ainsi que l'aménagement du cimetière de Goldbach.

En raison de l'étendue de notre secteur, il a été décidé à la séance *du 6 Octobre 1921* de nommer des Délégués adjoints pour chaque commune, afin de faciliter notre tâche. Ont accepté:

St.-Amarin	MM. Le Capitaine TOUSSAINT, Insp.-Adjoint des Eaux et Forêts	Mollau	MM. Fernand DARRORT
Willer	MARX, Maire	Urbès	FRICK, Directeur d'Ecole
Moosch	Albert GASSER	Fellering	Jules LARGER
Ranspach	Auguste ETIENNE	Oderen	UENTZ, Maire
Mitzach	Paul LUTTRINGER	Kruth	MARLIN, Directeur d'Ecole

Le 23 Octobre 1921, une cérémonie religieuse et patriotique est organisée à Mollau et Storkensohn avec le concours des diverses Sociétés locales.

En termes bien émouvants, Monsieur L. NEHR, notre infatigable Délégué-fondateur, rend hommage à ceux que nous pleurons, dépeint la navrante situation de nos concitoyens qu'un destin inexorable a enchaînés dans les rangs ennemis et celle plus favorisée de leur frère combattant sous les plis du drapeau français.

Monsieur WASSNER, Maire de Storkensohn et Monsieur Grunenwald, adjoint au Maire de Mollau, prennent ensuite la parole pour remercier l'assistance et les organisateurs de cette imposante cérémonie.

Le 1er Novembre 1921, les tombes de nos héros ont été l'objet de notre attention toute spéciale; des palmes et des couronnes ont été déposées dans les différents cimetières.

Une délégation s'est rendue ce jour là sur invitation au cimetière militaire de Bussang, où une couronne a été déposée au nom de notre Comité.

Le 11 Novembre 1921, anniversaire de l'Armistice, une délégation s'est rendue au cimetière militaire de Moosch pour y déposer une couronne.

Le même jour, à l'Eglise de St.-Amarin, se réunissaient toutes les autorités ainsi que les Membres du S. F. pour adresser aux Martyrs de la Patrie, l'hommage de leurs prières.

Une semblable manifestation, organisée par Monsieur le Maire et le Conseil Municipal de Mitzach a été tout particulièrement touchante par sa simplicité et son caractère familial; le S. F. y était représenté par Messieurs HOUTMANN et DIEBOLT.

Le 27 Novembre 1921, le Comité du S. F. a organisé de concert avec la Municipalité, une cérémonie religieuse à HUSSEREN-WESSERLING en mémoire des enfants de la commune tombés au Champ d'Honneur et des Héros qui reposent au cimetière de cette Commune. Monsieur le Curé FALLECKER, nouvellement installé, développa dans son sermon le culte du Souvenir et de la Reconnaissance que nous devons à nos Chers Disparus. Au cimetière, Monsieur Xavier WEBER, notre sympathique Président exalte la gloire de nos Héros et dans un élan patriotique rappelle aux assistants la devise sublime de notre œuvre: « PATRIE, SOUVENIR, ESPERANCE! »

Monsieur Jacques GROS, Maire de la commune rend également honneur à nos Morts et remercie chaleureusement notre Président de l'organisation de cette cérémonie patriotique.

Le 4 Décembre 1921, nous avons organisé une cérémonie à Kruth. Honneur à Monsieur le Curé FREUDENREICH, si digne de notre reconnaissance, et qui dans des paroles chaudes et éloquentes rappelle le sacrifice des héros qui reposent dans le cimetière de la Commune. Monsieur Maurice COTTIN, rend également hommage à nos Morts, sans oublier nos enfants d'Alsace tombés pour une cause qui n'était pas la leur. Monsieur le Maire de la Commune prit ensuite la parole et remercia le S. F. de sa noble initiative.

1922. — Sur nos demandes et démarches auprès du ministère des Pensions, les corps des victimes de la Grande Guerre, Joseph HAFFNER de Ranspach et Eugène HALLER de Husseren, ont été ramenés du front. Aux deux enterrements qui ont eu lieu le 20 Janvier 1922, le S. F. a déposé des couronnes et des allocutions touchantes ont été prononcées, à Ranspach par notre Président Monsieur X. Weber, à Husseren par notre délégué, Monsieur L. NEHR.

Le 19 Février 1922, eurent lieu à St.-AMARIN les obsèques du Lieutenant VUILLARD mort pour la France en 1915. La cérémonie présidée par l'Association des Dames Françaises et par le Comité du S. F. a été des plus touchantes. Dans un discours d'une envolée merveilleuse,

Monsieur le Capitaine TOUSSAINT, notre Vice-Président, retrace les combats acharnés du printemps 1918 ou ce jeune engagé volontaire a trouvé une mort héroïque en barrant de son corps la route de Paris.

Tous nous garderons pieusement sa mémoire et nous ferons nôtre la devise du S. F. « OUBLIER ! JAMAIS ! »

La restitution gratuite à leurs familles des restes glorieux de nos Héros a commencé le 10 Juillet 1922 dans notre vallée et à l'Hartmann et s'est poursuivie sous la direction de l'Etat civil militaire, jusqu'à la fin du mois.

Fidèle à son devoir, Monsieur L. NEHR, délégué accrédité par le Ministère a assisté et s'est fait seconder à ces exhumations par les Membres du S. F. pour surveiller l'identification des corps, et prêter aide et soutien aux familles présentes.

Rien n'effacera jamais de notre esprit les scènes poignantes et pénibles qui se déroulèrent sous nos yeux. Que d'épouses, que de pauvres mères avons-nous vu se pencher sur la fosse noire et béante pour revoir une dernière fois celui qui était leur *bonheur,* leur *soleil,* leur *unique espérance,* et qui ont éprouvé par nos réconfortantes paroles un vrai apaisement à leur grande douleur.

Chaque soir, au départ de ces convois funèbres, ornés par nos soins, de palmes et de couronnes, nous nous sommes réunis pour adresser à ces nobles Martyrs, un suprême et dernier adieu, ainsi que l'expression de notre vive admiration et de notre profonde reconnaissance.

Le Comité décide afin d'inculquer le Souvenir des Morts aux enfants de notre vallée, d'organiser à ses frais, un pélerinage au HARTMANN en faveur des élèves ayant obtenu leur certificat d'études dans le courant de l'année.

Cette excursion bien réussie et surtout approuvée par la jeunesse a eu lieu le 6 Août 1922 sous la conduite de MM. P. DIEBOLT et L. TSCHAEN.

Le 27 Août 1922 a été inhumé au cimtière d'HUSSEREN le soldat Arthur ARNOLD qui a pu être ramené du front de St.-ETIENNE du ROUVRAY, grâce à notre intervention auprès du Ministère de la Guerre et des Pensions.

Au bord de la tombe, un hommage des plus émouvants lui a été rendu par notre Président M. X. WEBER.

La mémoire de ces enfants morts dans l'obscurité qui n'ont pas vu le grand triompha de la délivrance nous est également sacrée, car tous portaient dans le cœur le drapeau Français qu'ils auraient tant voulu servir.

Le 17 Septembre 1922, a eu lieu l'inauguration du monument de Bitschwiller, érigé à la mémoire des enfants de cette Commune tombés au Champ d'Honneur, ainsi qu'à celle des nombreux Militaires reposant dans ce cimetière. Une couronne a été déposée au pied du monument, par une délégation de notre Comité.

Une cérémonie grandiose a été organisée le 1ᵉʳ Octobre 1922 par le Comité de l'HARTMANN, Filiale du Souvenir français au cimetière national de «SILBERLOCH» à l'occasion de la bénédiction solennelle de ce champ de repos.

Un grand nombre de nos sociétaires a fait le pélerinage ce jour là sur la montagne sacrée et a assisté aux services religieux organisés par les trois cultes.

Le 2 Octobre 1922, le Comité a assisté aux obsèques du Lieutenant GOUZY, Officier de la 52ᵉ Division, engagé volontaire à l'âge de 18 ans à peine et décédé à la suite des blessures reçues à VERDUN le 24 Sept. 1917. Le S. F. a déposé une couronne et s'est incliné devant la tombe de ce héros, dont la famille peut-être fière à juste titre.

Dans le courant du mois d'Octobre 1922, une délégation a été nommé pour remettre aux Membres du Ski Club Treh, le Diplôme d'Honneur qui leur a été décerné par le Siège Social de Paris en récompense des services rendus au S. F. par l'entretien des Tombes du cimetière du Treh.

Courant Septembre, une délégation s'est rendue à Munster sur la demande du Siège Social de Paris pour indiquer la marche à suivre au Comité en formation dans cette ville et pour assister à la constitution d'un Comité Régional.

Une journée du «Souvenir» organisée le 11 Novembre 1922 a été des mieux réussies. Plusieurs jeunes filles et enfants des différentes localités de notre vallée se sont tout particulièrement distingués par leur dévouement à la vente des fleurettes et insignes au profit de l'œuvre. Le produit de cette vente s'élevant à Frs. 1907.25 se décompose par commune comme suit :

S¹-Amarin & Malmerspach	Frs.	499.40
Moosch (185 Frs. exercice 1923)	»	
Husseren-Wesserling	»	322.15
Ranspach	»	249.15
Mitzach	»	99.40
Mollau & Storkensohn	»	125.—
Urbès	»	110.—
Fellering	»	190.—
Oderen	»	235.15
Kruth	»	77.—
	Total Frs.	1907.25

Le cimetière militaire de Moosch, où tant de braves dorment leur dernier sommeil, devant être transféré au cimetière national de Cernay, le S. F. en vue de calmer la très compréhensible émotion qui s'était manifestée parmi les familles, s'est chargé des démarches auprès du Ministère des Pensions pour le maintien de ce cimetière

Satisfaction a été donnée à cette demande et ce champ de repos sera maintenu à son emplacement actuel et classé désormais parmi les vestiges de guerre.

Dans une de nos séances, il a été décidé de déposer une palme sur les cercueils des Vétérans, et à cet effet, nous avons prié Messieurs les Maires de bien vouloir nous aviser du décès de chaque Vétéran. Le S. F. s'est rendu à tous les enterrements et a prononcé chaque fois une petite allocution.

Dans le courant de l'année, nous avons eu l'honneur d'être félicités par Monseigneur RUCH, évêque de Strasbourg, par Monsieur le Général HERR, membre de l'administration, et par Monsieur MAYER de Paris, agent général du S. F., de passage dans notre vallée pour le culte que nous apportons aux héros de la Grande Guerre.

Inutile d'affirmer que conformément à l'article 38 de nos statuts, toutes nos fonctions sont gratuites. Nous considérons comme notre plus grand devoir de rendre service, en procurant un apaisement aux familles éprouvées, en entraînant tous les Français, sans distinction de rang ni d'opinon dans le culte de nos chers Morts.

Nous remercions tout particulièrement la maison GROS, ROMAN & Cⁱᵉ qui contribue pour une large part au bienfait de notre œuvre. La Direction a bien voulu nous faire profiter des entrées payantes du Musée de guerre SERRET, dirigé par notre membre du Comité, Monsieur Eugène WILHELM.

Nous exprimons de tout cœur notre reconnaissance à l'Association des Dames Françaises, à la Ligue Française, aux Engagés Volontaires, à Messieurs les Ministres des trois cultes, à Messieurs les Maires et leurs Conseillers, aux diverses sociétés sociales ainsi qu'à tous nos membres fidèles, qui maintiennent cette religion des Morts pour l'Honneur et la sauvegarde de notre chère Patrie.

Confions à nos enfants et à leurs descendants comme un legs sacré le souvenir de ceux qui se sont immolés par le plus sublime des sacrifices.

Qu'une prière permanente s'élève pour eux vers Dieu, que leurs âmes restent en communion avec les nôtres et celles des générations qui nous suivront.

Le Comité du «Souvenir Français»

N. B. - Par décision du Conseil, l'insigne du S. F. sera offert gratuitement à chaque membre ayant payé sa cotisation pendant 5 années consécutives. Prière de faire la demande à l'encaisseur.

La carte de membre (servant de carte d'identité) sera renouvelée exceptionnellement cette année, un timbre de quittance (sans frais) y sera apposé pour les années suivantes.

SITUATION FINANCIÈRE AU 31 DÉCEMBRE 1921

Rapport de Mr TRITSCH, trésorier.

RECETTES

Report de l'Exercice précédent en caisse	Fr.	20,70
Les recettes depuis cette époque sont de:	„	5059,20

Savoir :

Cotisations courantes	„	4116,—
Quêtes	„	143,20

Subvention de Communes :

Ranspach	Fr. 100,—		
Saint-Amarin	„ 200,—		
Mollau	„ 50,—		
Husseren	„ 150,—	„	500,—

Versement de l'Etat pour l'entretien des tombes	„	—
Envois du Siège Social	„	—
Membres donateurs à 100 Fr. MM. APFLER, GRANDMOUGIN, Maison VUILLARD	„	300,—
TOTAL: Fr.		5079,90

DEPENSES

Les dépenses de l'exercice au 31 Décembre 1921 sont de:	Fr.	4901,20

Savoir :

Entretien des tombes (Croix inclus)	„	2650,45
Frais généraux	„	186,—
Achats de couronnes, drapeaux etc.	„	475,—
Subventions pour Monuments	„	160,—
Organisations de cérémonie	„	185,—
Membres donateurs envoyés au Siège Social	„	300,—
Envois au Siège Social pour Cocardes imprimées	„	700,—
Divers, perches pr. cimetières, pancartes Hartmann	„	244,75
Solde à reporter (en caisse)	„	178,70
TOTAL: Fr.		5079,90

Approuvé après vérification des comptes et carnets à souches

Le Contrôleur : **L. Tschæn.**

SITUATION FINANCIÈRE AU 31 DÉCEMBRE 1922

Rapport de Monsieur L. ARNOLD, trésorier

RECETTES

Report de l'exercice précédent en caisse	Fr.	178,70
Les recettes depuis cette époque sont de	„	7676,35

Savoir :

Cotisations courantes			„	4445,—
Quêtes 11 Novembre pour Monument Hartmann			„	1907,25
Subventions des Communes				
Husseren	Fr.	150,—		
Moosch	„	100,—		
Saint-Amarin	„	50,—		300,—
Versement de l'Etat pour l'entretien des Tombes				
Envoi du Siège Social				
Dons — M. VUILLARD 100, Mᵐᵉ Ainé 100			„	200,—
Musée de Guerre			„	328,85
Assistance aux Exhumations			„	495,25
			Total Fr.	7855,05

DÉPENSES

Les dépenses de l'exercice au 31 Décembre 1922 sont de	Fr.	7739.—

Savoir :

Entretien des tombes et renouvellement des croix	„	4438.85
Frais généraux	„	436.50
Achats, couronnes et drapeaux etc.	„	845,70
Subvention pour le monument Hartmann	„	800,—
Organisations de cérémonies	„	35,—
Membres donateurs, envoyés au Siège Social	„	
Envoi au siège social pour cocardes et insignes	„	800,—
Divers	„	134,50
Frais d'exhumations	„	248,45
Solde à reporter	en caisse „	116,05
	Total Fr.	7855,05

Approuvé après vérification des comptes et carnets à souches

Le Contrôleur : **L. Tschæn.**

SOUVENIR FRANÇAIS

Jahresbericht 1921/22

Anlässlich der dritten Generalversammlung unserer Section des *Souvenir Français* gereicht es uns zur Ehre Ihnen über die, seit unserer letzten Generalversammlung, das heisst, seit dem 6. März 1921, ausgeführten Arbeiten zum heutigen Tage Rechenschaft abzulegen.

Zu jener Zeit zählte unsere Sektion circa 700 Mitglieder. Wir sind heute in der glücklichen Lage Ihnen mitzuteilen, dass die jetzige Mitgliederzahl 800 beträgt. Dies ist ein Beweis dafür, dass sich unser Werk des besten Gedeihens erfreut und dass die Bevölkerung unseres Tales sich immer mehr davon überzeugt, dass die Wohltaten und die Nützlichkeit des SOUVENIR FRANÇAIS ihre volle Unterstützung verdienen. Dank seiner Bestrebungen wird in unserer Mitte die Erinnerung, sowie ein Gefühl der tiefen Dankbarkeit und der treuen Anhänglichkeit ständig wach erhalten.

Wir beginnen unseren Bericht mit den im Mai 1921 auf dem Kirchhof Hüsseren-Wesserling stattgefundenen Ausgrabungen gefallener Helden. Mit tiefem Bedauern sehen wir die glorreichen Ueberreste des Leutnants d'Hebrard de Saint Sulpice und einige Tage später diejenigen des Leutnants de Lestranges, zwei Helden vom Hilsenfirst aus unserem Tale scheiden.

Diese beiden Ausgrabungen fanden unter der Kontrolle des S. F. und in Anwesenheit der Verwandten der Opfer statt, welchen wir während dieser peinlichen und traurigen Handlung beistanden. Nach der genauen Identification wurden die Ueberreste in eine Trikolore gehüllt und der Präsident des S. F. richtete in Anwesenheit einer Delegation unseres Comites und der Feuerwehr von Hüsseren-Wesserling ein letztes Adieu an dieselben.

Am 22. Mai 1921 fand in der Kirche von Odern im Angedenken der Söhne der Gemeinde, die auf dem Felde der Ehre gefallen sind, ein feierlicher Gottesdienst statt. Herr Pfarrer Schacherer setzte der Gemeinde in seiner Predigt auseinander. dass das S. F. ein Werk der Gebete, des Trostes und der nationalen Dankbarkeit sei.

Am 29. Mai 1921 fand auf dem Kirchhof zu Dornach die Einweihung des von dem S. F. von Mülhausen errichteten Denkmals statt. Eine Delegation hatte an den religiösen Feiern der 3 Konfessionen teilgenommen, wohnte der Einweihung bei und legte einen Kranz am Fusse des Denkmals nieder.

In der Comite-Sitzung vom 2. Juni 1921 wurde beschlossen, dass wir uns zukünftig den Gemeinden, welche die Errichtung eines Erinnerungs-Denkmals beabsichtigen, zur Verfügung stellen werden. Zu diesem Zweck wurde an die Herren Maires des Cantons ein diesbezügliches Rundschreiben gesandt.

Am 15. Juni 1921 fand die Ausgrabung des Leutnants Thevenin vom 13. Bataillon des Chasseurs, welcher bei einem Sturmangriff auf dem Hilsenfirst den Heldentod fand und welcher auf dem Friedhof von Hüsseren-Wesserling bestattet worden war, statt.

Herr Jacques Gros, Maire der Gemeinde, widmete diesem Helden in Anwesenheit seiner Familie warme, zu Herzen gehende Worte des Abschieds.

Am 26. Juni 1921 fand in Urbis unter Beteiligung der freiwilligen Krankenpflegerinnen, des Gemeinderats, des Gesangvereins, der Feuerwehr, des Turnvereins und der Schulkinder ein feierlicher Gottesdienst statt.

Auf dem Kirchhof hielt nach den Gebeten des Pfarrers Weber, Herr Maurice Cottin eine patriotische Ansprache, welche unser Vize-Präsident Herr Edouard Gros in elsässischen Dialekt übersetzte.

Am 8. Juli 1921 müssen wir zu unserem Bedauern sehen, wie die Ueberreste des unerschrockenen Capitaine Viallet, der beim Sturm auf den Hilsenfirst ruhmreich gefallen und auf dem Kirchhof von Hüsseren-Wesserling begraben worden war, von uns scheidet.

Im Namen des S. F. hat der Delegierte, Herr Lucien Nehr, in Anwesenheit der Familie, diesem Helden einen warmen Nachruf gewidmet und ihm ein letztes „Ruhe sanft“ zugerufen.

Am 3. Juli 1921 begab sich eine Delegation unseres Comites auf eine Einladung hin, an die Einweihung des Denkmals des 152. Infanterie Regiments auf dem Hartmannsweilerkopf.

Im Laufe des Monats August 1921 wurden wir von Madame Cahors in Lyon gebeten, das Grab ihres Sohnes, der am Hartmannsweilerkopf verschwunden ist, ausfindig zu machen. Dank den Bemühungen unseres Vize-Präsidenten, Herrn Toussaint ist es denn auch gelungen das Grab dieses Helden in der Nähe von Wuenheim aufzufinden und den Leichnam zu identifizieren. In zahlreichen Fällen konnten wir auch Familien im Elsass bezüglich der Auffindung der Grabstätte ihrer Söhne behülflich sein. Wir stehen nach wie vor zur Verfügung solch heimgesuchter Familien.

In seiner Sitzung vom 16. August 1921, beschliesst das Comité der Fédération des Mutilés, Réformés et Veuves de guerre du Haut-Rhin sowie der Union des Pères et Mères, deren Söhne fürs Vaterland gefallen sind, eine jährliche Unterstützung zu gewähren.

Am 21. August 1921 fand in der Kirche von St. Amarin unter Beteiligung der Association des Dames françaises eine religieuse Feier zur Erinnerung an die Tapfern statt, welche auf dem Gemeindekirchhof zur Ruhe bestattet wurden, sowie für die Söhne St. Amarins und Malmerspachs, die auf dem Felde der Ehre fielen. Nach dem von Herrn Kanonikus Huntziger abgehaltenen Gottesdienst bewegte sich ein eindrucksvoller Zug zum Friedhof, wo Herr Capitaine Toussaint, unser verdienter Vize-Präsident, in einer zündenden, patriotischen Rede die blutige Attake unseres 21. Armeekorps bei Notre-Dame de Lorette am 17. Juni 1915 in Erinnerung rief und zum Schluss einige bekannte Strophen Lamartines zitierte, die einer der Gefallenen kurz vor seinem Tode als letzter Abschiedsgruss aus dem Leben noch zu Papier gebracht hatte.

Im Monat September traf wie im Vorjahre eine Gesellschaft der Association der „Diables bleus“ (Chasseurs Alpins) im Tale ein, um ihren auf dem Felde der Ehre, zur Befreiung des Elsasses, gefallenen Kameraden einen Erinnerungsbesuch abzustatten. Diese Abordnung ist von Herrn P. Diebolt, Mitglied unseres Comites, begleitet worden.

In seiner Sitzung vom 8. November 1921, beschliesst das Comite das Denkmal von Sidi-Brahim am Hilsenfirst, sowie den Kirchhof von Goldbach zu pflegen.

Infolge grösserer Ausdehnung unserer Sektion, wurde in der Sitzung vom 6. Oktober 1921 beschlossen, für jede Gemeinde einen Délégué adjoint zu ernennen, damit unsere Aufgabe etwas erleichtert wird.

Diese Ernennung haben angenommen :

St.-Amarin Herr Capitaine TOUSSAINT, Inspecteur-Adjoint des Eaux et Forêts		Mollau Herr Fernand DARRORT	
Willer	„ MARX, Maire	Urbis „ FRICK, Directeur d'école	
Moosch	„ Albert GASSER	Fellering „ Jules LARGER	
Ranspach	„ Auguste ETIENNE	Odern „ UENTZ, Maire	
Mitzach	„ Paul LUTTRINGER	Krüth „ MARLIN, Directeur d'école	

Am 23. Oktober 1921 wurde in Mollau und Storkensohn unter Beteiligung der verschiedenen Orts-Vereine eine religiöse und patriotische Feier abgehalten. In ergreifenden Worten gedachte Herr L. Nehr, unser unermüdlicher Delegierte und Gründer, derjenigen die wir betrauern und

und schilderte die schmerzliche Lage derjenigen Mitbürger, die durch das unerbittliche Schicksal gezwungen waren in den feindlichen Reihen zu dienen, während ihr Bruder glücklicher war, unter der französischen Fahne zu kämpfen.

Herr Wassner, Maire von Storkensohn und Herr Grünenwald, Adjoint des Maires von Mollau ergriffen sodann das Wort um den Teilnehmern und den Organisatoren der imposanten Feier ihren Dank auszusprechen.

Am 1. November 1921 waren die Gräber unserer Helden Gegenstand unserer ganz speziellen Pflege. Palmen und Kränze wurden in den verschiedenen Friedhöfen niedergelegt. Auf eine Einladung hin begab sich eine Delegation an diesem Tage auf den Militärfriedhof von Bussang, wo ein Kranz im Namen des Comites niedergelegt wurde.

Am 11. November 1921, Jahrestag des Waffenstillstandes begab sich eine Delegation auf den Militärfriedhof von Moosch um dort einen Kranz niederzulegen. Am gleichen Tage versammelten sich die Behörden und die Mitglieder des S. F. in der Kirche von St.-Amarin um im Gebet den Gefallenen des grossen Krieges zu gedenken.

Eine ähnliche vom Herrn Maire und Gemeinderat von Mitzach veranstaltete Kundgebung war insofern sehr ergreifend als sie einen ganz einfachen, familiären Charakter trug. Das S. F. war durch die Herren Houtmann und Diebolt vertreten.

Am 27. November 1921 organisierte das Comite des S. F. im Einverständnis mit dem Gemeinderat eine religiöse Feier in Hüsseren-Wesserling zum Gedächtnis der auf dem Felde der Ehre gefallenen Söhne der Gemeinde und der auf dem Kirchhof ruhenden Helden. Herr Pfarrer Fallecker, der erst kürzlich in sein Amt eingeführt wurde, entwickelte in seiner Predigt, wie sehr wir unseren lieben Dahingegangenen ein getreues Gedenken und aufrichtigen Dank schuldig sind. Auf dem Kirchhof hob Herr Xavier Weber, unser geschätzter Präsident den hohen Verdienst unserer Helden hervor und erinnerte die Anwesenden an die hehre Devise unseres Werkes: „ Patrie, Souvenir, Espérance! " Herr Jacques Gros, Maire unserer Gemeinde, zollt unseren Toden ebenfalls warme Worte der Verehrung und dankte unserem Präsidenten aufs wärmste für die Organisation dieser patriotischen Feier.

Am 4. Dezember 1921 haben wir eine ähnliche Feier in Krüth abgehalten. Herrn Pfarrer Freudenreich gebührt volle Anerkennung für die zu Herzen gehende Worten mit denen er des von den Gefallenen gebrachten Opfers gedachte, welche auf dem Friedhof der Gemeinde zum ewigen Schlaf gebettet sind. Herr Maurice Cottin hielt ebenfalls eine patriotische Ansprache, welche hernach ins Elsässische übersetzt wurde. Er widmete unseren Gefallenen warme Worte der Verehrung ohne diejenigen Söhne unseres Elsasses zu vergessen, die für eine Sache fielen, die nicht die ihre war. Darauf ergriff der Herr Bürgermeister der Gemeinde das Wort und dankte dem S. F. für seine edlen Bestrebungen.

1922. — Auf unser Verlangen und die von uns unternommenen Schritte beim Ministère des Pensions hin, wurde die sterbliche Hülle zweier Kriegsopfer unserer Gegend, Joseph Haffner aus Ranspach und Eugène Haller aus Hüsseren von der Front heimgeholt. Das S. F. wohnte beiden Beerdigungen, welche am 21. Januar 1921 stattfanden bei und legte am Grabe Kränze nieder. Unser Präsident Herr X. Weber widmete in Ranspach, unser Delegierter Herr L. Nehr in Hüsseren den beiden Kriegsopfern einen warmen Nachruf mit der Versicherung dass das S. F. sie stets in seine Gebete einschliessen werde.

Am 19. Februar fand in St. Amarin die Beerdigung, des 1915 für Frankreich gefallenen Leutnants Vuillard statt. Die Feier, der die Associaton des Dames Françaises und das S. F. vorstanden, war sehr ergreifend. In einer mit viel Gefühl und Begeisterung gehaltenen Rede erläutert unser Vize-Präsident Herr Capitaine Toussaint die erbitterten Kämpfe des Frühjahrs 1915 wo dieser junge Freiwillige sein Leben in tapferster Weise in die Schanze schlug um dem Feind den Weg nach Paris zu verwehren. Wir werden alle sein Gedächtnis hochhalten und uns die Devise des S. F. zu Herzen nehmen: „Uns das Gedenken — Ihnen die Unsterblichkeit" !

Die kostenlose Heimsendung der Ueberreste gefallener Helden an ihre Familien hat in unserem Tale und am Hartmannsweilerkopf am 10. Juli 1922 begonnen und wurde unter der Leitung der Zivil- und Militärbehörden bis Ende des Monats durchgeführt.

In treuer Pflichterfüllung hat Herr Nehr, Delegierter des Ministeriums, diesen Ausgrabungen beigewohnt unter Mitwirkung der Mitglieder des S. F. zwecks Identifizierung der Leichen und ist den Angehörigen mit Rat und Tat, sowie tröstenden Worten an die Hand gegangen. Nie werden wir diese ergreifenden, tieftraurigen Szenen, die sich da vor unseren Augen an diesen Gräbern abspielten, aus der Erinnerung verlieren. Wieviel Gattinnen, wieviel arme Mütter neigten sich da über die dunkle Gruft um zum letzten Mal die Ueberreste desjenigen zu sehen, der ihr Glück, ihre Sonne, ihre einzige Hoffnung gewesen war. Es war uns vergönnt diesen armen Frauenseelen in warmen Worten Trost und Mut zuzusprechen.

Jeden Abend vor der Abfahrt der Leichenzüge versammelten wir uns um Palmen und Kränze niederzulegen und diesen Opfern einen letzten Gruss der Verehrung und unserer tiefen Dankbarkeit zum Ausdruck zu bringen.

Um der Jugend unseres Tales die Erinnerung an die Gefallenen, ins Gedächtnis und Herz zu prägen, hat unser Comité beschlossen auf seine Kosten für die Schüler die in diesem Jahre ihr certificat d'études erhalten haben, eine Pilgerfahrt auf den Hartmannsweilerkopf zu organisieren. Dieser Ausflug, der bei der Jugend grossen Anklang fand, ist am 6. August 1922 unter der Leitung der Herren P. Diebold und L. Tschæn zur vollsten Zufriedenheit ausgeführt worden.

Am 27. August 1922 wurde auf dem Kirchhof von Hüsseren der Soldat Arthur Arnold begraben, welcher Dank unserer beim Kriegsministerium unternommenen Schritte, von der Front bei St. Etienne du Rouvray heimtransportiert werden konnte.

Unser Präsident Herr X. Weber widmete ihm am Grabe einen tiefempfundenen Nachruf. Das Gedächtnis jener Söhne, die noch während den dunklen Tagen fielen und denen es nicht vergönnt war den grossen Tag der Befreiung zu sehen, ist uns gleich teuer, denn alle trugen Frankreich in ihrem Herzen, dem sie so gerne gedient hätten.

Am 17. September 1922 fand die Einweihung des Denkmals von Bitschwiller zur Erinnerung an die gefallenen Söhne der Gemeinde und der zahlreichen auf dem Friedhof ruhenden Soldaten, statt. Durch eine Delegation unseres Comités ist am Fusse des Denkmals ein Kranz niedergelegt worden.

Am 1. Oktober 1922 fand anlässlich der feierlichen Einsegnung des Nationalfriedhofs am Silberloch, eine eindrucksvolle Feier des Comités des Hartmannsweilerkopfs, ein Zweigverein des S. F. statt. Eine grosse Anzahl unserer Mitglieder liess es sich nicht nehmen an diesem Pilgerzug an die heilige Stätte teilzunehmen um den Gottesdiensten der drei Konfessionen beizuwohnen.

Am 2. Oktober 1922 nahm das Comité an der Beerdigung des Leutnants Gouzy, Offizier der 52e Division, der sich mit kaum 18 Jahren als Freiwilliger engagieren liess und den am 24. September 1917 bei Verdun erlittenen Verwundungen erlegen ist, teil. Das S. F. legte am Grabe einen Kranz nieder und brachte diesem Helden, dessen Familie mit berechtigtem Stolz des Entschlafenen gedenken darf, eine letzte Huldigung entgegen.

Im Laufe des Monats Oktober wurde eine Delegation ernannt, um den Mitgliedern des Ski-Club Treh ein Ehren-Diplom zu überreichen, welches ihnen von unserer Direktion in Paris für die dem S. F. geleisteten Dienste, insbesondere für die Pflege der Gräber auf dem Treh-Kirchhof, zuerkannt wurde.

Im September begab sich auf Geheiss der Direktion in Paris eine Delegation nach, Munster, um dem dort in der Bildung begriffenen Comite die nötigen Anweisungen zu erteilen und der Aufstellung des neuen Comites beizuwohen.

Ein „Erinnerungstag", welcher am 11. November 1922 organisiert worden war, hatte den schönsten Erfolg. Mehrere junge Mädchen und Kinder aus verschiedenen Ortschaften unseres Tales haben sich beim Verkauf von Blumen und Abzeichen zu Gunsten unseres Werkes besonders verdient gemacht. Der Ertrag dieses Verkaufs welcher Fr. 1907.25 beträgt, verteilt sich folgendermassen auf die verschiedenen Gemeinden:

St.-Amarin und Malmerspach	Fr.	499,40
Moosch (185 Fr. 1923)	"	—
Hüsseren-Wesserling	"	322,15
Ranspach	"	249,15
Mitzach	"	99,40
Mollau et Storkensohn	"	125,—
Urbes	"	110,—
Fellering	"	190,—
Odern	"	235,15
Krüth	"	77,—
	Fr.	1907.25

Da der Militärfriedhof von Moosch, wo so viele Tapfere zum letzten Schlaf bestattet wurden mit dem Nationalfriedhof von Cernay vereinigt werden sollte und dies begreiflicher Weise in den Familien eine grosse Bestürzung hervorrief, so unternahm das S. F. beim Ministerium in Paris die notwendigen Schritte zwecks Belassung dieses Friedhofs in Moosch.

Diesem Gesuch ist Genugtuung gegeben worden und dieser Militärfriedhof wird fortan an seinem jetzigen Platz verbleiben und zu den Kriegserinnerungen gehören.

In einer unserer Sitzungen wurde beschlossen stets auf den Sarg der Veteranen eine Palme niederzulegen und wir haben deshalb die Herren Maires gebeten uns jedes Mal von dem Hinscheiden eines Veteranen Mitteilung zu machen. Das S. F. hat an solchen Begräbnissen jedes Mal teilgenommen und bei dieser Gelegenheit eine kleine Ansprache gehalten.

Im Laufe des Jahres hatten wir die Ehre von Herrn Monseigneur Ruch, Bischoff von Strassburg, Herrn General Herr, Mitglied des Verwaltungsrats und Herrn Mayer aus Paris, General-Agent des S. F. für die in unserem Tale den gefallenen Helden des grossen Kriegs entgegengebrachte Huldigung, beglückwünscht zu werden.

Es bedarf wohl kaum der Erwähnung, dass nach § 38 unserer Statuten unsere Tätigkeit ohne jede Vergütung, d. h. freiwillig von den Mitgliedern ausgeführt wird. Wir halten es für unsere höchste Pflicht den heimgesuchten Familien beizustehen und alle Berufsstände ohne Klassenunterschied zur Verehrung der Gefallenen anzuhalten.

Wir danken insbesondere dem Hause Gros-Roman & Cie, das zum grossen Teil stets zum Gelingen unseres Werkes beiträgt. Die Direktion war so liebenswürdig uns die Eintrittsgelder des Kriegsmuseums Serret, das von Herrn Eugène Wilhelm, Mitglied unseres Comites geleitet wird, zu überlassen.

Der Association des Dames Françaises, der Ligue française, den Engagés Volontaires, den Geistlichen der drei Konfessionen, den Herren Maires und ihren Ratsmitgliedern, den verschiedenen Vereinen, sowie sämtlichen treuen Mitgliedern sprechen wir von ganzem Herzen unsern wärmsten Dank für ihre tatkräftige Mitwirkung und Unterstützung aus, Dank welchen das Gedächtnis der Toten unseres lieben Vaterlands bei uns gepflegt und hochgehalten wird.

Lasst uns unsern Kindern und deren Nachkommen, die Erinnerung an unsere armen Kinder des Elsasses und an diejenigen, die für uns ihr Leben hingegeben haben, als ein heiliges Erbe anvertrauen.

Ein ständiges Gebet steige für sie gegen Himmel und ihre Seelen seien ständig mit uns und denen die nach uns kommen, in engster Verbindung.

Le Comité du « Souvenir Français ».

N.B. Durch Verfügung des Generalrats wird das Abzeichen des S. F. jedem Mitglied welches seinen Jahresbeitrag während 5 Jahren gezahlt hat kostenlos gestiftet. Dieselben sind beim Kassierer zu verlangen.
Die Mitgliedskarte (welche als Ausweis dient) wird ausnahmsweise dieses Jahr erneuert. Ein Quittungsstempel wird kostenlos auch für die folgenden Jahre abgegeben.

Imprimerie J. Brinkmann - Mulhouse

Finanzbericht vom 31. Dezember 1921

von Herrn TRITSCH, Kassierer.

Einnahmen

Sold in der Kasse vom Vorjahr	Fr.	20,70
Die Einnahmen belaufen sich auf	„	5059,20

Und setzen sich folgendermassen zusammen:

Laufende Beiträge	„	4116,—
Kollekten	„	143,20

Subventionen der Gemeinden:

Ranspach	Fr. 100,—		
St.-Amarin	„ 200,—		
Mollau	„ 50,—		
Hüsseren	„ 150,—	„	500,—
Staatsbeitrag für Unterhalt der Gräber		„	—
Sendungen der Direktion		„	—
Mitglieder-Spenden von Fr. 100 Herren Apfler, Grand Mougin, Maison Vuillard		„	300,—

Total . . . Fr. 5079.90

Ausgaben

Die Ausgaben des Jahres betrugen am 31. Dezember 1921 . . . . . . Fr. 4901,20

und zwar:

Unterhalt der Gräber (Kreuze inbegriffen)	„	2650,45
Allgemeine Unkosten	„	186,—
Kauf von Kränzen, Palmen etc.	„	475,—
Spenden für Denkmäler	„	160,—
Organisation von Feiern	„	185,—
Spenden von Mitgliedern an die Leitung in Paris gesandt	„	300,—
Sendung an die Leitung für Kokarden	„	700,—
Verschiedenes, Stangen für Friedhöfe, Hartmann-Tafeln	„	244,75
Kassensaldo	„	178,70

Total . . . Fr. 5079.90

Genehmigt nach Prüfung der Konten und Belege.

Der Kontrolleur: **L. Tschaen.**

Finanzbericht vom 31. Dezember 1922

von Herrn L. ARNOLD, Kassierer

Einnahmen

Uebertrag des vorjährigen Kassengeldes	Fr.	178,70
Die Jahreseinnahmen betragen	„	7 676,35

Und setzen sich folgendermassen zusammen:

Laufende Beiträge	„	4 445,—
Sammlungen vom 11. November für das Hartmannsweiler-Denkmal	„	1 907,25

Subventionen der Gemeinden

Hüsseren	Fr.	150	
Moosch	„	100	
St.-Amarin	„	50	300.—

Staatsbeitrag für Unterhalt der Gräber		
Sendung der Direktion		
Spenden — Herr Vuillard Fr. 100, Mme Ainé 100	„	200,—
Kriegsmuseum	„	328,85
Beteiligung an Ausgrabungen	„	495,25
Total Fr.		7 855,05

Ausgaben

Die Ausgaben betrugen am 31. Dezember 1922	Fr.	7739,—

und zwar:

Unterhalt der Gräber, Auffrischung der Kreuze	„	4438,85
Allgemeine Unkosten	„	436,50
Einkäufe, Kränze und Fahnen	„	845,70
Spende für das Hartmannsweiler-Denkmal	„	800,—
Organisation der Feiern	„	35,—
Spenden von Mitgliedern der Leitung überwiesen		
Der Leitung für Kokarden und Abzeichen bezahlt	„	800,—
Verschiedenes	„	134,50
Ausgrabungskosten	„	248,45
Kassensaldo	„	116,05
Total Fr.		7 855,05

Genehmigt nach Prüfung der Konten und Belege.

Der Kontrolleur : **L. Tschaen.**